Este libro le pertenece a:

_____

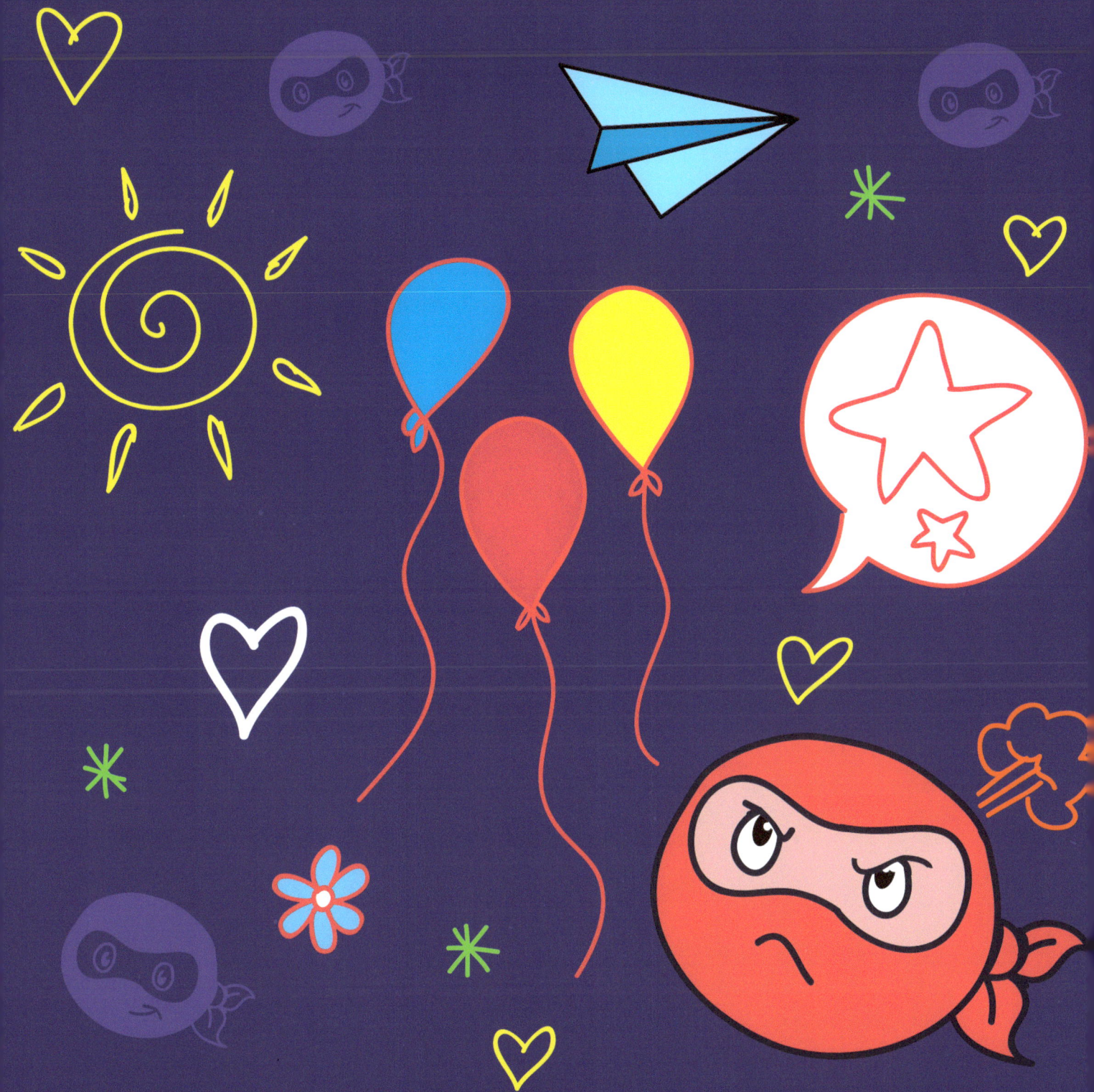

Este libro está dedicado a mis hijos - Mikey, Kobe, and Jojo.
El enfoque es como un músculo que tienes que practicar regularmente.

Ninja Life Hacks™

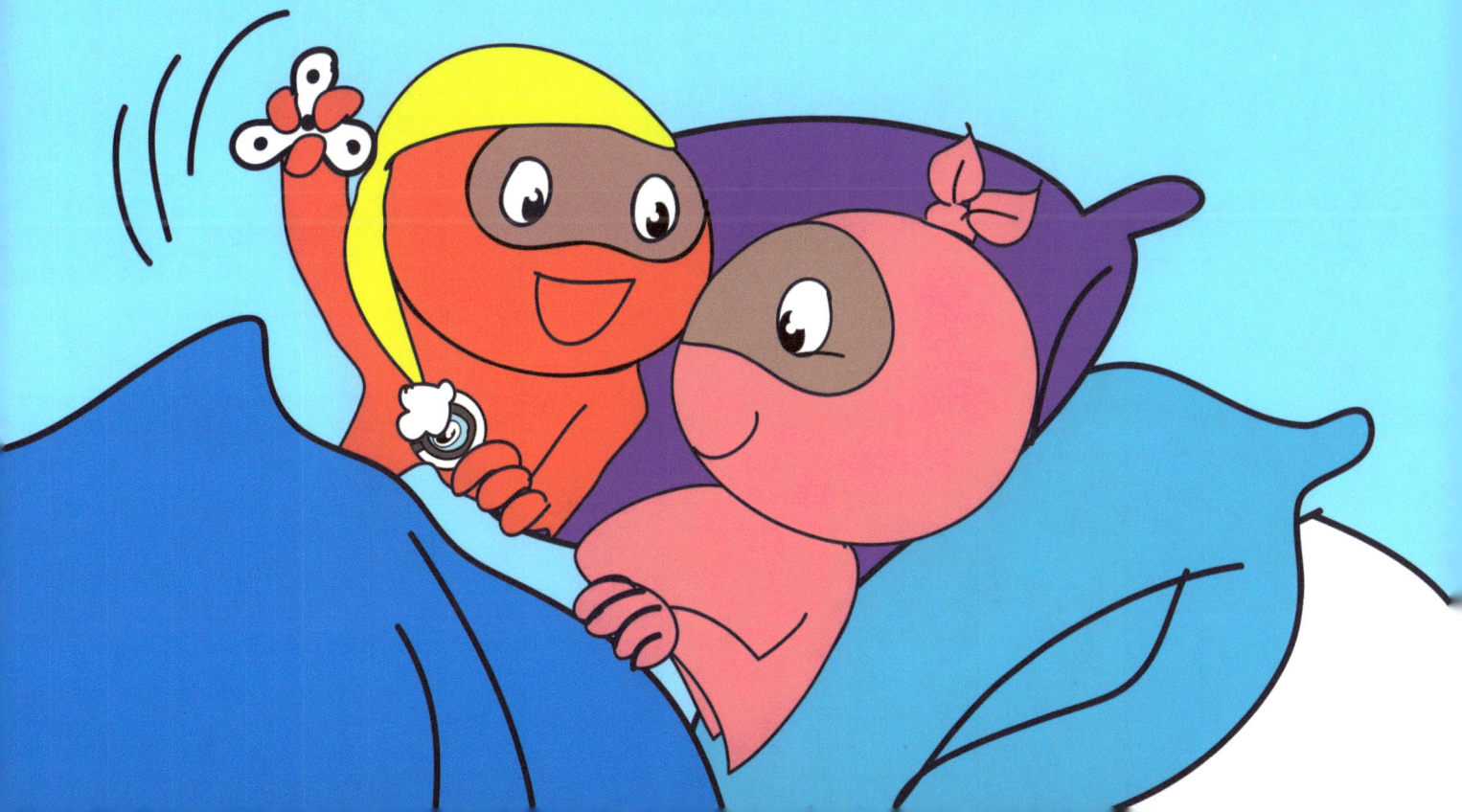

La Ninja Enfocada

Por Mary Nhin

–¡Ya terminé! –exclamé mientras cerraba mi libro.

Terminé mi tarea de matemáticas y leí los dos capítulos que mi maestro asignó.

Pude mantener mi enfoque mientras mis hermanos practicaban sus instrumentos y mi madre horneaba pan de banana.

Cada vez que tengo algo que hacer, o si pongo mi mente en lograr algo, tengo una manera notable de permanecer enfocada hasta que esté completo.

$9^2 = ?$

$9 \times 9 = ?$

$?$

Puedo mantener mi concentración en todo tipo de situaciones.

Durante la escuela, cuando mi maestro habla, me siento
al frente para escuchar atentamente y tomar notas.

En la escuela y en casa, me gusta mantener mi escritorio y habitación ordenada para poder concentrarme y encontrar las cosas fácilmente cuando las necesito.

Y cuando tengo un gran trabajo que completar, divido la tarea en tareas pequeñas, para no sentirme abrumada.

Pero no siempre he tenido esta maravillosa
capacidad de concentración.

Érase una vez, podía perder mi concentración con bastante facilidad.

Cuando mi madre me pedía que limpiara mi habitación, a menudo tenía problemas para seguir las instrucciones.

Mientras escuchaba durante la hora del cuento,
me ponía nerviosa, hablaba o me levantaba.

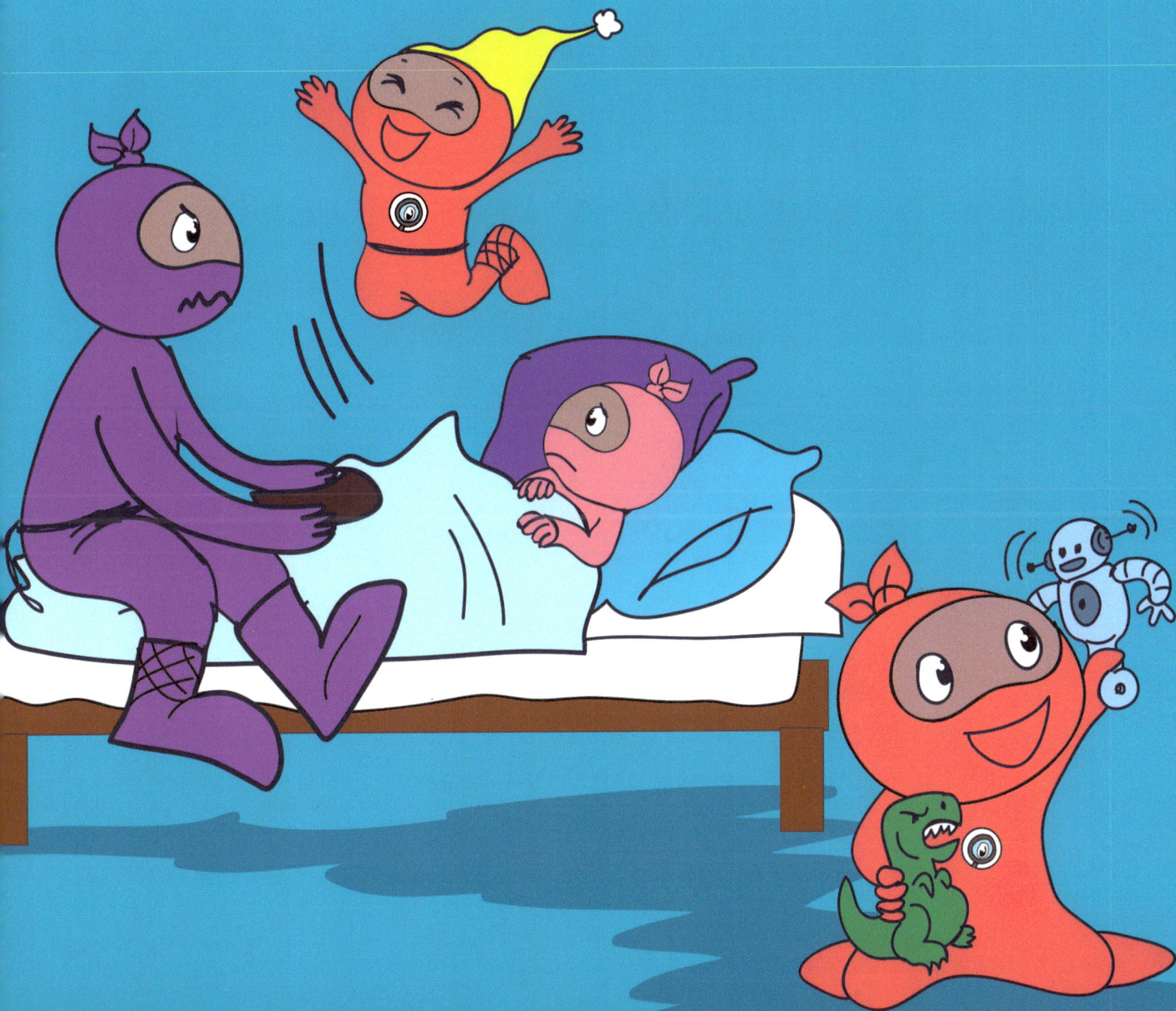

Y si estuviera echando cereal en un bol, no era capaz de frenar lo suficiente para hacerlo con cuidado sin derramarlo.

Hasta que un día, mi amiga, la Ninja Segura, me mostró cómo podía aumentar mi concentración.

Mamá dice que vamos a trabajar en nuestro enfoque. Ni siquiera sé de qué está hablando o cómo aumentar mi enfoque.

¡Oh, yo sé cómo!

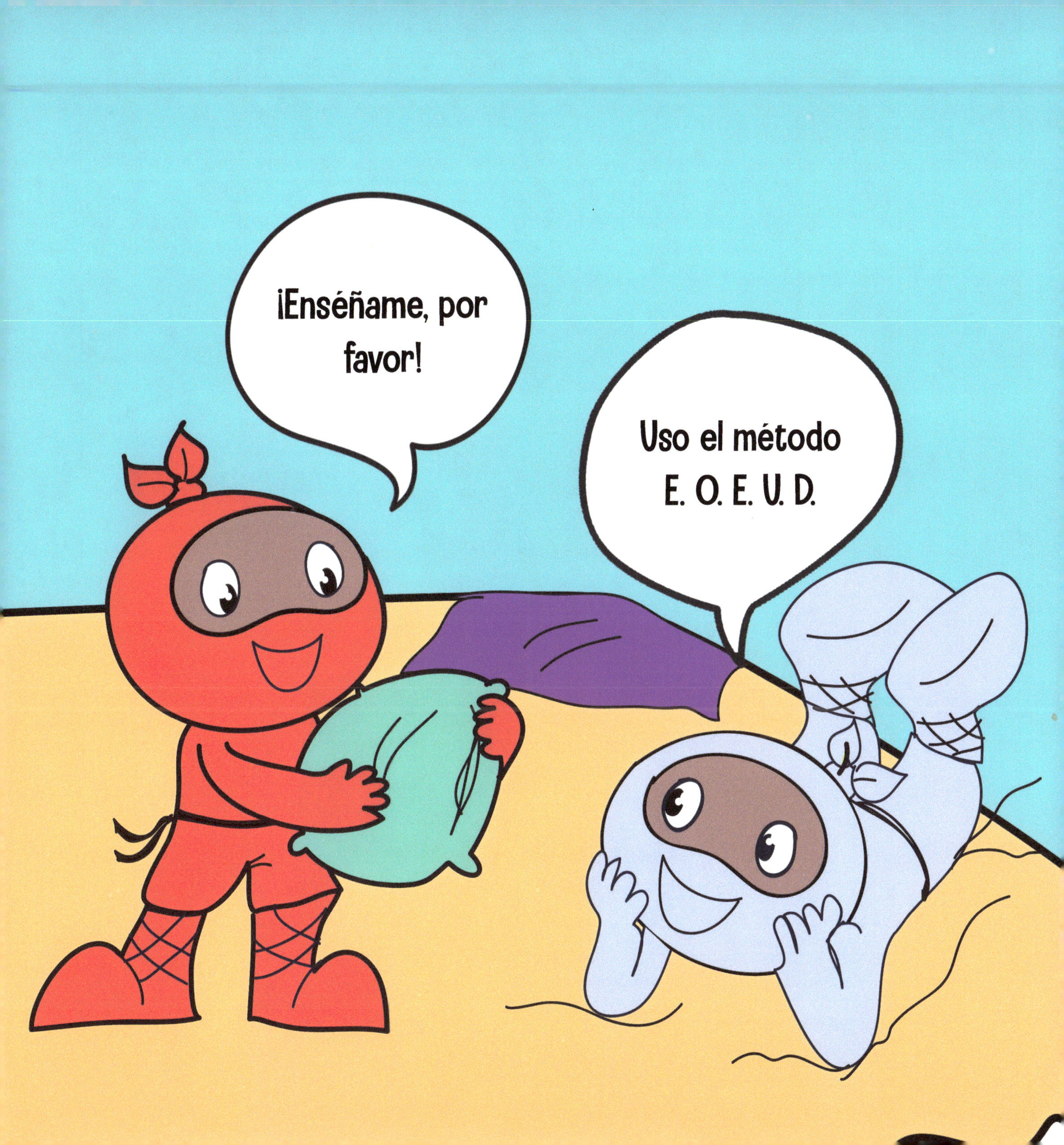
¡Enséñame, por favor!
Uso el método E. O. E. U. D.

Puedes usar cualquiera o todas estas herramientas para mantenerte enfocada en cualquier momento dado:

Encuentra distracciones y elimínalas.

Organízate.

Elige verduras y alimentos saludables.

Usa el ejercicio para darle un impulso a tu cerebro.

Divide las tareas grandes en tareas más pequeñas.

Encuentra las distracciones y elimínalas.

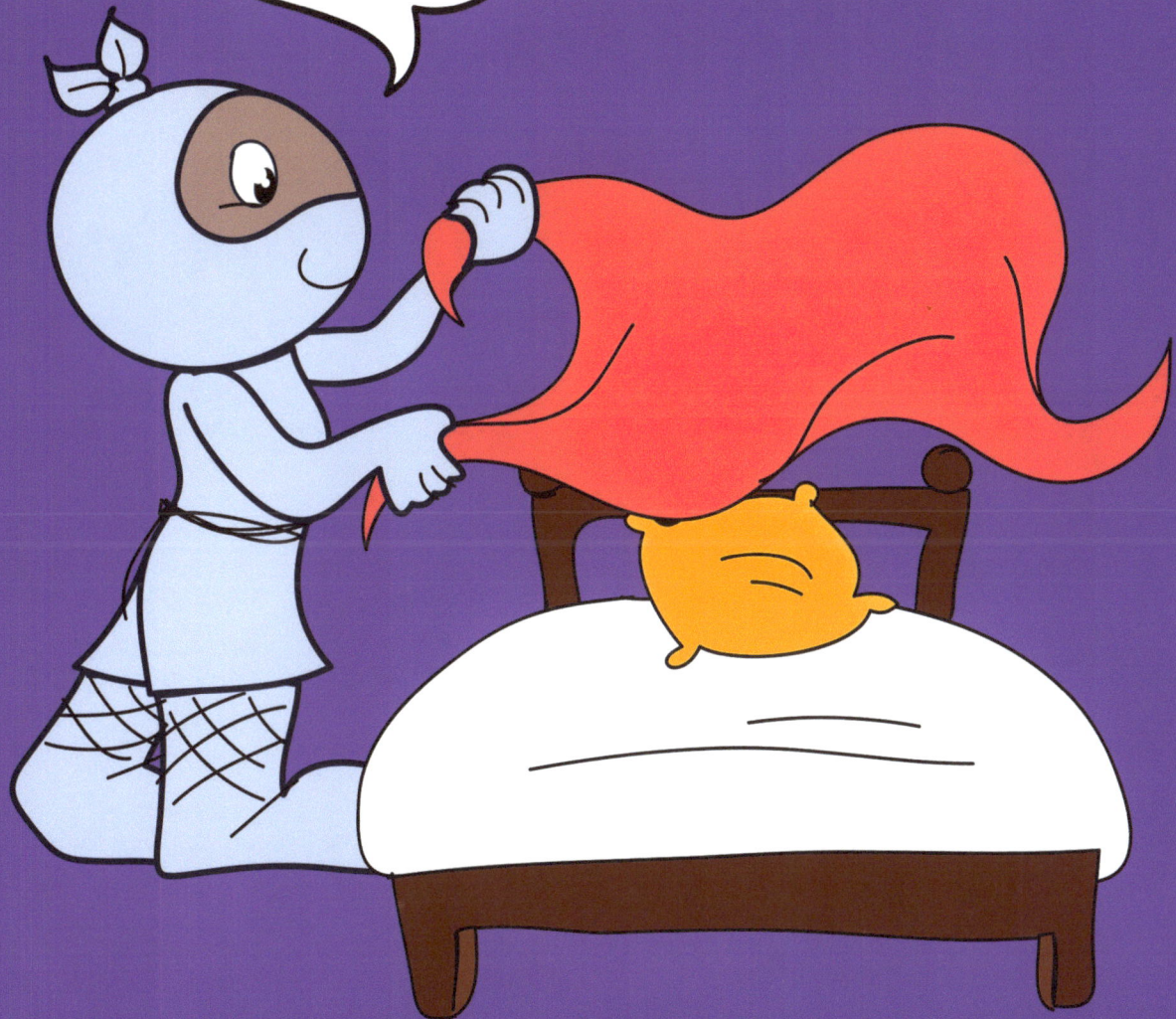

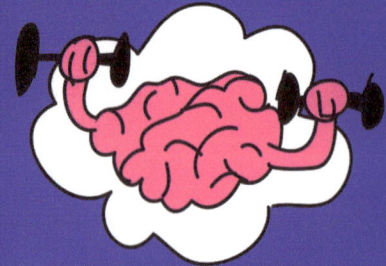

Cuando fui a la escuela al dia siguiente, tomé diferentes decisiones y eso hizo una gran diferencia:

Encuentra las distracciones y elimínalas.

Tomé la decisión de sentarme al frente para limitar las distracciones, a pesar de que era tímido.

Organízate.

Nunca pensé en ordenar mi escritorio, pero hoy fue diferente.

Hoy, fue el día en que todo cambió. Organicé mi escritorio.

Elige comer verduras y alimentos saludables.

En el almuerzo, elegí verduras
para comer saludable.

Usa el ejercicio para darle un impulso
a tu cerebro.

Y luego en el recreo, usé el ejercicio para
darle un impulso a mi cerebro.

Divide las tareas grandes en tareas más pequeñas.

Cuando llegué a casa a trabajar en mi tarea, la dividí en tareas más pequeñas.

Fui capaz de concentrarme más que eso en un día.

Sigo usando las estrategias que se encuentran en el método E. O. E. V. D. todos los días de mi vida. Ahora soy conocida como la ninja más enfocada de todos.

El recordar el método E. O. E. U. D. podría ser tu arma secreta contra la falta del enfoque.

¡Visita ninjalifehacks.tv para obtener imprimibles divertidos gratis!

@marynhin   @officialninjalifehacks
#NinjaLifeHacks

Mary Nhin   Ninja Life Hacks

Ninja Life Hacks

@officialninjalifehacks

www.ingramcontent.com/pod-product-compliance
Lightning Source LLC
Chambersburg PA
CBHW042023090426
42811CB00016B/1724

9 781637 315484